CONSEIL CENTRAL
D'HYGIÈNE PUBLIQUE
ET DE SALUBRITÉ
DU DÉPARTEMENT DE L'EURE.

RAPPORT A M. LE PRÉFET

SUR LES

TRAVAUX DES CONSEILS D'ARRONDISSEMENT.

ÉVREUX,
CANU, IMPRIMEUR DE LA PRÉFECTURE,
RUE CHARTRAINE, 25.

1853.

CONSEIL CENTRAL
D'HYGIÈNE PUBLIQUE
ET DE SALUBRITÉ
DU DÉPARTEMENT DE L'EURE.

RAPPORT A M. LE PRÉFET
SUR LES
TRAVAUX DES CONSEILS D'ARRONDISSEMENT.

PAR LE DOCTEUR FORTIN,
Secrétaire du Conseil central.

1re PARTIE.

Monsieur le Préfet,

Le conseil d'hygiène de l'arrondissement de Louviers est le seul qui ait fonctionné depuis la réorganisation des conseils d'hygiène, en 1852. Le rapport qu'il a fait parvenir au conseil central est tellement précis qu'il ne peut être analysé. Je le citerai ici textuellement :

« Le conseil d'hygiène de l'arrondissement de Louviers a eu à donner son avis dans le cours de l'année 1852, sur :

» Onze demandes d'établissements de machines et chaudières à vapeur ;

» Une demande d'établissement de fonderie de suif en pains, au bain-marie ;

» Une demande d'établissement de mégisserie.

» Il a été indiqué, pour chacun de ces établissements, les conditions à imposer dans l'intérêt de la salubrité publique, notamment pour les machines à vapeur, la hauteur à donner aux cheminées ; elle a été généralement fixée de 25 à 30 mètres.

» Le conseil a eu en outre à examiner une boucherie, et a délégué deux commissions, l'une pour la visite des logements insalubres, l'autre pour rechercher les moyens de remédier aux dangers des maisons de débauche de Louviers ; la dernière a présenté son rapport, qui a été adopté par le conseil et transmis à l'administration avec prière d'assurer l'exécution des mesures proposées. »

Louviers, le 4 mai 1853.

Le Secrétaire du Conseil,
Signé DE SAINT-CLAIR.

Pour le conseil d'hygiène de l'arrondissement d'Evreux, qui est tout à la fois le conseil central du département, il a dû donner son avis :

1° Sur deux demandes d'établissements d'équarrissage sur le territoire de la commune de Gravigny. L'un de ces établissements devait se fonder près des habitations de cette commune, et de la grande fabrique où se réunit un grand nombre d'ouvriers. Cet établissement paraissait devoir se créer sur le modèle de ceux qui existent en ce moment, et comme, au point de vue de l'hygiène publique, il présentait des inconvénients signalés au rapport fait au conseil, il n'obtint pas son approbation.

Le second établissement, dont la demande était faite, devait se former au hameau de la Censurière. Dans les procédés énoncés pour la conservation des parties des animaux abattus, le conseil trouvait un progrès notable sur ce qui se pratique habituellement; aussi, en demandant toute garantie contre les émanations nuisibles ou incommodes, le conseil fut-il favorable à sa création.

Le conseil d'hygiène a aussi vu porter devant lui la question de savoir jusqu'à quel point un barrage établi à Evreux, au-dessous de la prairie dite des Cloches, pouvait être préjudiciable à la santé des habitants qui occupent les rues Joséphine et aux Magnants.

Le conseil, malgré ses investigations, n'a pu découvrir dans ce quartier aucune maladie qu'il fût rationel d'attribuer au barrage signalé; cependant il n'en a pas moins constaté que cette prairie se trouvait dans *des conditions d'arrosage et d'égout anormales et vicieuses*.

Le conseil d'hygiène s'est aussi vivement ému des logements insalubres; il a nommé une commission dans son sein chargée de recueillir tout ce qui viendrait à la connaissance du conseil, et, en même temps, il priait l'administration municipale de faire déclarer, par le conseil municipal, qu'il y avait dans la commune d'Evreux des habitations insalubres. La délibération a été prise, une commission a été nommée; mais jusqu'à ce jour cette commission n'a fait aucun travail.

Les documents relatifs au choléra de 1849, demandés par M. le Ministre, ont, pour la très-grande partie, été fournis par le conseil.

Enfin, à l'occasion de questions posées au conseil par M. le Ministre de l'intérieur, le conseil a agité une question d'une grande importance, savoir s'il n'y aurait pas avantage à ce que toutes les écoles primaires fussent soumises chaque année à une visite de médecin qui constaterait que tous les élèves sont réellement bien vaccinés, qu'aucun d'eux n'est atteint de *maladies ou d'infirmités de nature à nuire à la santé des autres enfants;* enfin, s'il ne serait pas utile de rédiger une instruction signalant aux instituteurs les maladies transmissibles et la durée de leur contagion. Tel est le résumé bien succinct des travaux du conseil d'hygiène de l'arrondissement d'Evreux.

L'arrondissement des Andelys n'a rien fait parvenir au conseil central.

Le conseil d'hygiène de l'arrondissement de Pont-Audemer signale seulement son installation et dit ne plus s'être réuni depuis.

Le conseil d'hygiène de l'arrondissement de Bernay n'a, lui aussi, rien fait parvenir au conseil central.

Mais dans ces derniers temps, sur la demande qui a été faite aux médecins des épidémies de faire connaître les faits qui étaient à leur connaissance, M. Neuville, médecin des épidémies de l'arrondissement de Bernay, a transmis les renseignements suivants:

« Les maladies épidémiques, écrit-il, qui ont sévi dans notre arrondissement de Bernay depuis quelques années, ont été rares.

» Des fièvres intermittentes, des fièvres typhoïdes se sont développées d'une manière épidémique dans quelques localités, et particulièrement dans la commune de Brai, pays marécageux; mais c'est la suette miliaire qui a exercé le plus de ravages.

» Ainsi, en 1852, dans les communes de Bournainville et de Faverolles, une épidémie de suette miliaire a sévi pendant quelques mois, et a fait périr près de la moitié des personnes qui en ont été atteintes.

» Il est impossible de déterminer la cause du développement

de cette épidémie dans ces communes, cependant les eaux fangeuses qui y existent sont une cause évidente d'insalubrité.

» La suette miliaire, maladie endémique dans l'arrondissement de Bernay et se présentant de loin en loin sous forme épidémique, offre les caractères suivants :

» Les symptômes précurseurs de cette maladie consistent dans un malaise général, de la douleur dans la tête, des envies de vomir, des palpitations du cœur, quelquefois des frissons.

» La maladie se déclare par l'apparition de boutons rouges au tronc, aux bras, quelquefois aux jambes. Ces boutons entrent en suppuration.

» Chez quelques malades, ces boutons sont accompagnés de sudamina, d'élévations semblables à des œufs de carpe.

» Dans la décroissance, ces boutons se dessèchent et présentent des pellicules.

» Le sulfate de quinine semble avoir quelques succès dans cette funeste maladie.

» Les causes de cette épidémie, qui se renouvelle tous les huit ou dix ans dans notre arrondissement, sont inconnues ; mais les rues étroites et bourbeuses de nos hameaux, les habitations humides et peu aérées et l'absence de fontaines dans nos villes, sont une cause notoire d'insalubrité.

» Tel est, Monsieur le Préfet, l'exposé succinct des maladies qui règnent le plus ordinairement dans l'arrondissement de Bernay, toujours endémiquement, et de loin en loin sous forme épidémique. »

J'ai l'honneur d'être, etc.

Signé NEUVILLE,

D.-M.

Le médecin des épidémies de l'arrondissement des Andelys écrit :

« Monsieur le Préfet,

» Par votre lettre en date du 18 du mois dernier, vous me demandez de vous faire connaître si quelques maladies épidémiques ont sévi cette année dans l'arrondissement des Andelys.

» Avant d'avoir l'honneur de vous répondre, j'ai voulu avoir l'avis des médecins qui habitent les cantons autres que celui des Andelys. Il résulte des renseignements qui m'ont été communiqués, que depuis l'épidémie de fièvres typhoïdes qui a ravagé l'année dernière la commune de Fontenay, et pour laquelle j'ai eu l'honneur, Monsieur le Préfet, de vous adresser plusieurs rapports, il ne s'est manifesté dans l'arrondissement des Andelys aucune maladie présentant le caractère épidémique. Quelques maladies graves s'y sont fait observer, mais elles n'ont jamais atteint un grand nombre d'individus à la fois. »

Veuillez, etc.

Signé MOTTE, d.-m.

Les médecins des épidémies pour les arrondissements de Louviers et Pont-Audemer n'ont rien fait connaître, et moi-même, Monsieur le Préfet, je n'ai rien à vous révéler, comme médecin des épidémies de l'arrondissement d'Evreux. Cependant je sais que dans l'arrondissement il a existé de véritables épidémies ; ainsi, pour n'en citer qu'un exemple, la petite-vérole en ce moment exerce encore ses ravages dans la plaine de Saint-André et à Saint-André même, et cependant ni le conseil d'hygiène, ni le médecin des épidémies, ne le savent officiellement. C'est, Monsieur le Préfet, que les commissions de cantons n'existent pas encore, et que, tant qu'elles feront défaut, nous ignorerons, au point de vue de l'hygiène publique, ce qui se passe dans les communes rurales de l'arrondissement.

2ᵉ PARTIE (1).

Messieurs,

Ce n'était pas sans une certaine émotion que l'année dernière le secrétaire du conseil central d'hygiène publique du département de l'Eure prenait la parole dans cette enceinte, où la Société libre d'agriculture vous exposait avec éclat ses travaux nombreux et importants.

Aujourd'hui comme alors, devant les mêmes hommes graves et sérieux, la Société libre d'agriculture vient de faire connaître qu'elle avait toujours les mêmes droits à la reconnaissance de tous, pour la part qu'elle prend aux progrès de l'agriculture, des sciences et des lettres.

Les conseils d'hygiène devaient aussi, dans la sphère d'activité que la loi leur avait dévolue, mériter les mêmes éloges, la même reconnaissance ; mais l'absence de rapport de trois de ces conseils oblige le secrétaire à vous dire que deux seulement ont répondu à l'attente du législateur.

Ces deux conseils sont ceux des arrondissements de Louviers et d'Evreux, ainsi que nous l'avons fait connaître (2).

La vaccine, pour laquelle chaque année vous portez au budget départemental une somme qui témoigne de vos vives sympathies pour cette découverte, a aussi fixé les méditations du conseil d'hygiène central.

Le nombre des vaccinations gratuites pendant l'année 1852

---

(1) Cette partie du rapport a été lue dans la séance publique de la Société libre d'agriculture, où assistaient les membres du Conseil général.

(2) Voir la première partie du rapport.

s'élève au chiffre de 2,342, c'est ce qui résulte du dépouillement de tous les tableaux qui sont parvenus au conseil.

M. le Préfet, par un arrêté en date du 23 juillet dernier, a fixé les récompenses pour chaque vaccinateur, et en proclamant bientôt leurs noms dans cette réunion, c'est un hommage que vous rendrez à leur zèle et à leur désintéressement, un titre que vous leur accorderez à la reconnaissance publique.

Pour apprécier la propagation de la vaccine dans le département de l'Eure, il faudrait bien se donner de garde de comparer le chiffre des naissances avec celui des vaccinations que nous avons posé.

En effet, tous les médecins et toutes les sages-femmes du département vaccinent et vaccinent même gratuitement; mais les vaccinations de chacun étant peu nombreuses, elles restent inconnues du conseil.

Cependant, si la propagation de la vaccine est acceptée comme un bienfait par le pays, si le plus grand nombre des familles s'empressent à faire vacciner leurs enfants, il est encore nécessaire de réveiller à cet égard le cœur de plus d'une mère qui négligerait de demander à la découverte de Jenner la préservation d'un fléau qu'elle ne voit pas menaçant immédiatement l'existence de son enfant. C'est la justification, Messieurs, du vote que vous faites chaque année pour la propagation de la vaccine qui, ainsi que nous le disions l'année dernière, *ne produit pas dans notre département tout ce qu'elle doit et peut produire.*

En effet, plusieurs vaccinateurs ont encore révélé au conseil central que de véritables épidémies de petite-vérole avaient régné dans les cantons de Rugles, Breteuil, Beaumesnil, Neubourg, Louviers et Pont-de-l'Arche, pendant l'année 1852, et y ont marqué leurs passages en faisant de nombreuses victimes.

M. le docteur Jean-Louis Picard et M. Bocage nous relatent, dans leurs tableaux, que ces épidémies ont toujours frappé les personnes qui avaient refusé ou négligé les bienfaits de la vaccine.

Mais une fois que la petite-vérole règne épidémiquement dans une contrée, bien que les personnes vaccinées se trouvent exemptes, en général, de la contagion, elles n'en sont pas moins soumises à une influence fâcheuse et délétère, et très-souvent, tout en évitant la petite-vérole elle-même, plusieurs sont atteintes de variole et de varioloïde. Assurément ces affections sont légères, et rarement elles déterminent des accidents d'une extrême gravité, mais il n'en est pas moins triste de penser que quelques vaccinations pratiquées à temps auraient empêché ces influences de naître.

Il nous a été donné cette année même d'observer des faits qui se sont présentés dans les circonstances que nous venons de signaler.

Cependant, malgré tous les efforts des conseils d'hygiène et du corps médical tout entier, malgré les encouragements que vous accordez; dans l'état actuel de la législation, il y aura toujours des personnes qui échapperont aux bienfaits de la vaccine, et se trouveront, avec le germe déposé dans leurs organes, aptes à favoriser, dans des circonstances données, le développement de la variole, maladie éminemment contagieuse, et souvent dangereuse à ceux-là même qui ont pris à tâche de l'éviter.

Alors ne serait-t-il pas convenable, et ne serait-ce pas agir dans l'intérêt des populations de former des vœux et de demander à la législation de notre pays les moyens de faire disparaître complètement ce fléau?

Certainement le certificat de vaccine obligé à Francfort pour entrer en apprentissage, celui imposé en Autriche, en Prusse et en Bavière, pour contracter mariage, l'amende infligée dans ces pays à ceux qui ne se font pas vacciner, amende d'autant plus élevée que la personne est plus avancée en âge, la réprimande par un magistrat, la prison même dont peuvent être punis dans les royaumes de Hanovre et de Suède ceux qui refusent d'être vaccinés, sont des lois favorables à la propagation de la vaccine, et doivent faire que peu de personnes s'en trouvent exemptes. Mais nous aimerions mieux pour la France, parce que nous croyons que cette mesure ferait plus sûrement parvenir au but désiré, la disparition complète de la variole, que, comme en Angleterre, tous les enfants fussent obligés par la loi à être vaccinés dans les quatre mois qui suivraient la naissance.

En l'absence d'une semblable loi dont l'exécution nous paraîtrait facile, le conseil central d'hygiène publique et de salubrité a demandé avec ses correspondants, en particulier avec M. Jean-Louis Picard, dont le zèle pour la propagation de la vaccine ne s'est jamais ralenti un instant, l'exécution sérieuse des règlements appliqués aux écoles primaires, salles d'asile, collèges et pensions établis dans le département. L'administration a accueilli cette demande avec une vive sympathie.

Le conseil central d'hygiène publique croit aussi que tous les bureaux de bienfaisance devraient poser dans leurs règlements, comme principe d'admission à recevoir des secours, que les familles doivent toutes, avant d'être admises, présenter un certificat constatant la vaccination de leurs enfants.

Le conseil ne doute pas que ces mesures amèneraient de nouvelles vaccinations, et, par suite, diminueraient le nombre des victimes des épidémies de variole désolant chaque année un assez grand nombre de communes du département.

Le conseil a la conviction que la petite-vérole figure sur les tables de mortalité, dans le département, pour un chiffre considérable. L'année prochaine, grâce aux sages mesures prises par l'administration pour déterminer la cause de tout décès, mesures que nous-mêmes sollicitions l'année dernière, le chiffre réel sera connu, et vous serez surpris, Messieurs, qu'un semblable tribut soit payé à la mort alors qu'il est si facile d'en être affranchi.

Mais, pour prévenir cette maladie, le conseil d'hygiène ne reconnaît et n'admet qu'un seul et unique moyen. C'est à la vaccine qu'il le demande.

« Le virus-vaccin en entrant dans les chairs, comme l'a si
» heureusement exprimé M. Bousquet devant l'académie impé-
» riale de médecine, loin de s'y endormir, commence à fomen-
» ter et travailler activement à se faire jour… loin de rester tran-
» quillement là où la lancette l'a déposé, il se répand et s'infiltre
» dans toute l'économie : il le faut bien, puisqu'il la modifie et
» la renouvelle au point de la libérer de la petite-vérole ; et,
» chose bien digne de remarque, cette grande et profonde ré-
» volution, la nature la subit tranquillement, patiemment, sans
» laisser paraître presqu'aucune émotion. »

Cet exposé contient explicitement le blâme d'une expérience malheureuse, faite par une personne qui se livre, dans le département, à la pratique de la vaccine. Voici le fait, qui, nous l'espérons, ne se reproduira jamais.

La petite-vérole éclate dans une famille; point de virus-vaccin présent : alors au lieu d'en demander, inoculation de la maladie si contagieuse par elle-même, elle répond à l'expérience; elle éclate sur tout l'individu, et cette inoculation, quoique répétée, n'a point occasionné de malheur. C'est une consolation dans la circonstance ; mais ce n'en est pas moins un devoir et un devoir sacré pour le conseil central, d'infliger à un pareil fait un blâme sévère et une véritable condamnation.

Quoi ! parce que, dans un instant donné, vous manquez de ce fluide qui arrête un fléau des plus redoutables, vous en deviendriez l'ardent propagateur? Une maladie qui aurait pu épargner celui à qui vous l'inoculez et n'être qu'un cas isolé, vous allez, en multipliant ces points de contact, lui donner les proportions d'une épidémie. Pour un pareil fait, nous le répétons, le conseil central d'hygiène n'a qu'une condamnation à porter, un blâme sévère à infliger.

Tel est, Messieurs, le résumé des travaux du conseil central d'hygiène, telles sont aussi les observations qu'il a cru devoir vous présenter sur l'état de la vaccine dans le département. La bienveillance que vous voulez bien nous accorder nous assure que votre concours est acquis au conseil central d'hygiène pour arriver à faire disparaître complètement la petite-vérole des tables de la mortalité dans notre pays.

A la suite de ce rapport, M. Bougarel a donné lecture de l'arrêté de M. le Préfet, ainsi conçu :

Du 7 août 1853.

Nous PRÉFET du département de l'Eure,

Vu l'arrêté réglementaire du 20 juillet 1810 sur le service de la vaccine ;

Le budget départemental pour l'exercice 1853 ;

Le rapport du comité central de vaccine sur les travaux de l'année 1852 et ses propositions sur les encouragements à décerner aux vaccinateurs les plus zélés ;

ARRÊTONS :

Art. 1er. Les récompenses et indemnités ci-après détaillées.

sont accordées aux vaccinateurs dont les noms suivent :

NOMS ET DEMEURES DES VACCINATEURS, Docteurs-Médecins, Officiers de santé et Sages-Femmes.	RÉCOMPENSES ACCORDÉES.	
	Arg^t.	Livres, Médailles, etc.
M. Bocage, étudiant en médecine, aux Baux-de-Breteuil..................	100	en livres.
Mme Maillard, sage-femme, à Garennes.	90	»
M. Guilbert, docteur-Médecin, au Neubourg...........................	70	en livres.
Mme Buisson, sage-femme, à Miserey....	80	»
M. Leclerc, officier de santé, à Bourg-Achard...........................	70	en livres.
M. Baudry, docteur en médecine, à Evreux............................	70	en livres.
Mme Huet, sage-femme, à Louviers.....	55	»
Mme Maupin, sage-femme, à la Croix-Saint-Leufroy....................	50	»
M. Lallemant, docteur en médecine, à Pont-de-l'Arche....................	50	en livres.
Mme Lozier, sage-femme, à Pacy.......	75	»
M. Herondelle, docteur en médecine, à Bourg-Achard.....................	65	en livres.
Mme Henry, sage-femme, à Evreux.....	40	»
Mme Boudinet, sage-femme, à Damville.	60	»
Mme Morin, sage-femme, à Nonancourt.	40	»
M. Leleu, officier, à Routot...........	40	en livres.
M. Ozanne, officier de santé, à Pont-Audemer...........................	40	en livres.
Mme Chevrel, sage-femme, à Pacy......	30	»
Mme Langlois, sage-femme, à Evreux...	25	»
M. Goujon, officier de santé, à Saint-Cyr-du-Vaudreuil...................	20	en livres.
M. Levesque, officier de santé, à Beuzeville..............................	20	en livres.
M. Delacroix, vaccinateur, à Saint-Gervais-d'Asnières.....................	40	»

Art. 2. Les sommes nécessaires pour se procurer les objets à décerner à titre de récompense et celles pour gratifications seront prélevées sur les fonds du budget départemental affectés à cette dépense.

Art. 3. Le présent sera inséré au *Recueil des Actes administratifs*, et un exemplaire en sera adressé à la Société libre de l'Eure pour être inséré au Recueil de cette société.

A Evreux, le 23 juillet 1853.

Le Préfet, M{is} DE SAINTE-CROIX.

www.ingramcontent.com/pod-product-compliance
Lightning Source LLC
Chambersburg PA
CBHW071445060426
42450CB00009BA/2305